AF212247

Juanpe
Sánchez
López

TONTERÍAS

Juanpe
Sánchez
López

TONTERÍAS

TONTERÍAS
Juanpe Sánchez López

◆

Colección: Letra Bastarda, 35
Primera edición: noviembre 2024

◆

© 2024, de los poemas, Juanpe Sánchez López
© 2024, de la cubierta, Fernanda Laguna
© 2024, de esta edición, Letraversal

◆

Dirección editorial: Ángelo Néstore
Diseño: Martín de Arriba
Maquetación: Letraversal
Ayuda a la edición: Noa González Sirgado

◆

ISBN: 978-84-127137-8-7
THEMA: DC DCF
Depósito legal: MA 2691-2024

◆

Impreso en España por Safekat · *Printed in Spain*
Bajo el cuidado de Rubén González Domínguez

◆

◆

LETRAVERSAL
www.letraversal.com

*A mi madre, a Quique, porque
nunca me dejaron convertir
mis tonterías en cosas serias.*

*A todos mis novios
que nunca son suficientes.*

Nota aclaratoria:

Para la realización de este libro no se ha emitido ningún tipo de gas contaminante ni se ha experimentado con ningún animal. Todos los coches y los caballos que aparecen son literarios e imaginarios y aun así muy reales.

I think that I may be
the voice of my generation.
Or at least a voice.
Of a generation.
HANNA HORVATH, *GIRLS*

Más allá del amor, llevo una vida
muy vinculada a mis amigos,
personas que van a aceptar que diga
tonterías, igual que yo
voy a admitir las suyas
ALEJANDRO ZAMBRA

***

pero cómo no voy a creer
en los brillos inútiles y fugaces
de las cosas buenas de este mundo
tan tiernas tan infinitas

pero cómo no voy a ir
en esta vida tan brillante y derramada
tan boquiabierta tan apajarada
y pidiendo de comer los exquisitos meteoritos

pero cómo no voy a creer que nos volvemos
locas tan rápidas tan iguales tan tísicas
tan irremediablemente irrepetibles

y repetimos una y otra vez que no
queremos olvidarnos de las cosas buenas
tan esperanzadas tan ingenuas tan verdaderas

y pasamos por las vidas
y por las cosas del mundo
tan suavemente tan intensamente

tan gozosamente hablaremos hasta las tantas
de las tantas cosas que habremos olvidado
qué sonrisa tan linda qué culo tan articulado
qué boca tan desbocada cabremos todas ahí?

y probablemente acabaremos tan
arrugadas con tanta suerte tan tontas
a veces tan felices cuando el tanteo
nos deje agarrarnos nuestras garritas de la risa

en la emboscada de nuestras vidas
nos encontraremos tan ensoñadas tan ñoñas
tan cursis tan sexys

diremos qué palabra tan increíblemente
insignificante y luego será
una cascada de cosas inigualables

y cómo no voy a ser tan enamoradiza
si busco tan primeriza
en las manos los hechizos

y cómo no vamos a ser
tan disparatadas y brillantes
si dejamos que nos atraviese el chisporroteo
tan poco trágico tan anaranjado y mágico

pero cómo no va a ser mi corazón
un lugar común
si estáis todos vosotros aquí
tan educadamente sentados

PARTE
UNO

para imaginar
hay que irse de este mundo
y para irse de este mundo
hay que explotar el portón

volver a empezar

escribir un libro autobiográfico
y que empiece
yo quise ser un globo hinchable
y catedrático

no no no
perdón
me he equivocado
yo fui muñeca hinchable
y becario
ahora sí

escribir un libro de amor
y que no se entienda nada
porque del corazón
nadie entiende nada

escribir un libro político
estas son mis represiones
qué incoherente
celebrar tus derrotas

escribir un libro sobre una ruptura
y no llorar
porque es importante y feliz entender
que las cosas tienen un principio y un final
y ya está

y ya está
nunca nada vuelve a ser igual

escribo sobre mi vida
y a veces ni eso
porque es lo único que tengo
y a veces ni eso

creé un adentro
y un afuera
y no sé distinguirlos

La canción mágica

Tengo una canción
en la cabeza
que se ilumina
y que me vuelve loco
y quiero que la escuches
y que te vuelvas loco

dice así
tararán
tararán
y lo repite
tararán
tararán

Es una canción un poco mágica
no porque te vuelva loco
sino porque te acompaña
como una energía loca
la tocas te toca
el corazón y ya
nunca vuelve a ser el mismo

En el corazón tengo tres estrellas
que vienen de mi imaginación
y podrían volverme loco
así que cojo las estrellas
las pincho en la punta de las flechas
y las tiro al cielo

Una sirve para cuando no sabes cómo volver a casa
La otra para que te acuerdes siempre de mí
La última para mirarla y sentirse
pequeñísimo en este mundo inmenso

Para encenderlas solo
tienes que cantar
esa canción mágica
que tiene tres sílabas
una para cada estrella

ta-ra-rán

cuando la cantes
se encenderán

tararán

y su hechizo empezará

tararán

ta-
✳
no te pierdas

-ra-
✳✳
no te olvides de mí

-rán-
✳✳✳
no pasa nada

cuento infantil

*No vas a tener mayor
sabiduría / simplemente es
que vas a estar cansado*
MARIANO BLATT

Yo de pequeño fui un niño gordo. Gordo como los troncos de los árboles tras cien años bajo sus cortezas. Gordo, tan gordo, que cuando entraba al bosque derramaba todos los troncos de los árboles al suelo y hacía desaparecer el bosque. Yo crecí torcido pero no por estar gordo, aunque también. Yo crecí torcido como aquella flor de allá o como la muela que duele al empujar. Y como había un pequeño desvío, una pequeña alteración en mí, a veces tenía que gritar. Y para eso me iba al bosque, para que no me escuchase nadie. Allí nadie podría oírme.

En el bosque, como en mi imaginación, suelen suceder muchas cosas porque es un sitio extraño, porque lo desconocemos, porque puede aparecer de repente cualquier peligro que no esperábamos, como por ejemplo un lobo feroz o algún dios o una caída de hojas imprevista o un hada que te diga *ven sígueme* o un agujero que te lleve a otro mundo fantástico. Para que se me entienda, es como la ciudad pero con árboles que se derraman o que te susurran cosas o que te señalan los caminos o que simplemente te abrazan. Cuando crecí torcido como la flor de allá, los libros, las películas, las canciones y mis amigas hacían de grandes bosques donde podía gritar sin que se me escuchase en ningún otro sitio, hacían de bosques resistentes en los que podía pasar sin hacer ningún tipo de estropicio. Tuve la suerte, la gran suerte, de tener una infancia sin cansancio.

Si juntara mi infancia sin cansancio en una bolsita infinita, o en una caja dorada medieval o en un bosque de más de cien años de antigüedad, metería a todas mis amigas y a mi madre y el reguetón y los discos de Mecano y la música barroca de Johann Sebastian Bach y La Oreja de Van Gogh y algunas romcom que me siguen encantando y el amor o la idea del amor adolescente y la idea del amor romántico y mis perritas durante los años que vivieron las dos juntas en mi casa y el parque donde me juntaba siempre con mis amigas y empezamos todas juntas a fumar y a beber y a reír y a hacernos fotos y a subirlas y cuando empezamos a subirnos a otros sitios ya más separadas y empezamos a hacernos mayores y a olvidarnos de las películas y los libros y las canciones y las fotos que hacían de nuestra infancia una infancia sin cansancio... metería todo eso dentro y miraría entonces esa bolsita infinita o esa caja dorada medieval o ese bosque de más de cien años de antigüedad y sonreiría.

Quizás, pienso, podría salir del bosque, pero allí habría contaminación lumínica. Desde aquí todavía veo las tres estrellas y sus flechas: no me pierdo, no te olvido, no pasa nada. En el momento en el que los pensamientos no me dejan pensar, amarro fuerte mi infancia y la pongo sobre la mesa. Es una mesa que me hice con un árbol del bosque. Desde aquí pido perdón por la tala indiscriminada y por no haber sido a veces un buen amigo.

En el momento en el que los pensamientos se convierten en ruido yo busco la música, a veces hasta corro hacia la música y voy preguntando a aquellos con quienes me encuentro: oye, me han dicho que por aquí hay una fiesta, ¿sabes por dónde es? Los animales me miran extrañados, pero yo sé que han entendido mi pregunta. ¿Acaso es que no quieren que vaya a la fiesta? ¿Acaso es que no quiero ir a la fiesta? Me encuentro a un chico en un coche rapidísimo que me dice que sabe dónde es exactamente la fiesta, así que me subo con él dirección a la fiesta más lejana del mundo.

Llegamos y todo parece hecho a medida para caber en un poema porque es verano y hay música y chicos guapos que después serán mis novios. Igualmente, ahora no quiero escribir un poema, ahora quiero quedarme bailando.

Aunque vayamos a lo importante. Yo una vez fui al colegio y a la universidad y me dijeron que la poesía era poner las palabras de forma extraña y retorcerlas como se estruja un paño mojado para que no tenga tanta agua. Me contaron que había gente que se había dedicado por completo a intentar encontrar los significados ocultos a los poemas como si los poemas fueran un tesoro escondido en una isla y no la playa de la isla cuando le da el sol. Yo una vez en la universidad leí un texto de un formalista ruso llamado Víktor Shklovski que decía que había literatura en la que «la vida desaparece, convirtiéndose en nada». Pero luego te encuentras con los libros con las canciones con las películas y con las personas que están empapadas de vida y no las entiendes del todo y no las quieres entender las quieres sentir y al final dices: claro, ese señor ruso tenía razón.

Cuando creces, cuando los huesos empiezan a doler porque empiezan a estirar, cuando logras tocar con los pies los bordes de la cama, las palabras se vuelven raras. Algunas, incluso, hacen un daño extraño que no puedes entender. Cuando yo crecí torcido, me gustaba imaginarme mirando a los chicos, me gustaba creer que en algún momento bailaría con todos ellos y los miraría a los ojos y a la boca y que me subiría a sus coches y me llevarían a sitios alejados de la ciudad. Allí, muy lejos, yo les diría qué sitio tan bonito, es como el que sale en los poemas y en las películas y todos los chicos me besarían.

Pero mirar a los chicos, los besos y los lugares de película llegarán un poco después. Un poco después llegarán las fiestas, los bailes, hacer grandes esfuerzos por no volverse loco. Un poco después me despediré de dios y me romperán el corazón. Un poco después las palabras dolerán de otra forma y empezaré a tener mis historias y a enlazarlas con las películas y los poemas. Un poco después, talarán el bosque por completo y en su lugar pondrán un complejo hotelero que acabará teniendo goteras.

a veces pienso

a veces pienso

a veces pienso
que vine solo

a veces pienso
que vine solo
al mundo

a veces pienso
que vine solo
al mundo
a contemplar

a veces pienso
que vine solo
al mundo
a contemplar
los bigotes y los sueños

mentirijillas de supervivencia

me dio miedo lo guapas que sois
las criaturas de este mundo
y vuestros ojos de lagos exaltados
con todas vuestras muñecas abiertas
en vez de hacerlo suavemente

tienes guardados los recuerdos en cajas
que imitan la Edad Media? y crees que
si piensas mucho la infancia se te revienta?

vamos a morirnos todos
tarde o temprano

por la tarde pasamos por el escaparate
tu cara se te ilumina te pareces
a la muñeca de más allá
nos estamos muriendo de risa

imitamos la Edad Media
y guardamos los recuerdos dorados
y decimos que somos muy oscuros
pero es mentira

nosotros somos criaturitas de nuestro tiempo
y hoy tú y yo a las 6PM
creemos que moriremos un poco más tarde

**sé cosas sobre muy pocas cosas
y sobre las cosas que sé cosas
sé muy pocas cosas**

la primera cosa es que
la palabra cosificación
que viene de cosa
es horrible
y hay que tener cuidado con ella
y también hay que tener cuidado
con la cosificación de los cuerpos
y especialmente con la cosificación
del cuerpo de Dios
porque si es una cosa
y tres cosas a la vez
uno puede hacerse un lío

la segunda cosa es que
creo que la idea
de que cada cosa
tiene su lugar
es mentira
aunque yo una vez me lo creí

y la tercera cosa es que
si las imaginamos
tan intensamente
que aparecen suavemente
no hay mucha diferencia
entre las palabras y las cosas

vendrán las luces y tendrán tus ojos

tenemos 11 años
y nos masturbamos lado a lado
rozando los hombros preadolescentes

tú miras a las chicas de la tele
yo miro cómo ya te están creciendo
los pelos de las piernas

tengo 17 años
y me masturbo pensando
en aquel momento

tienes 17 años
y creo que te masturbas pensando
en aquel momento

tengo 25 años
y no me acuerdo bien
por qué nos enfadamos

tú nunca fuiste amigo mío
dices por ahí

pero tienes 25 años
y te acuerdas perfectamente
del teléfono de mi casa

pasan muchos años
hasta que nos volvemos a ver
miento

pasan muchos años
hasta que nos cruzamos
en el mundo real

te veo en una discoteca
retiras la mirada
cuando te busco con los ojos

como cuando de pequeños
enfrente de la tele
ahora con los flashes
las caras se nos iluminan
pero ya no nos parecemos en nada

te has casado
me dicen por ahí

creo que conozco bien tu hombro
tienes un cuello muy bonito
aunque ahora está más grande
y claro
ya no se puede tocar

la ironía ya no me gusta
solo me gusta sentir
que las cosas son verdaderas
aunque sea mentira

me gustan los chicos guapos
que están como ausentes

chico tu palabra superdifícil de pronunciar superdifícil
de escribir superdifícil de entender no te hace más listo te
hace más feo más horrible más distanciado tú no quieres
conocer la verdad o lo que es justo tú lo que quieres es que
todo el mundo te aplauda pero nadie te entiende nadie
sigue tu discurso mesiánico es una pena porque serías un
chico muy guapo si quisieras dejar de aparentar ser un
chico de otra clase social o de otra clase intelectual o de
cualquier otra clase de chico que deja las apariencias de
lado y se preocupa por lo injusto justo en el momento en
el que tiene que hacerlo o justo en el momento en el que es
mejor callarse y no decir nada tener autocontrol decirse
a uno mismo es verdad esta palabra no la entiendo es
superdifícil esta palabra es muy plana es tan pretenciosa
que no significa nada y decirse yo realmente no entiendo
nada de comunismo ni de buena y mala literatura ni sé ni
siquiera qué significa conocer la verdad o lo que es justo
y tampoco me apetece ahora mismo tocar la guitarra
en medio de esta fiesta hoy seré un chico bueno hoy no
quiero que me aplaudan hoy seré un chico que no quiere
ser el centro de atención hoy seré un chico que está más
guapo así callado y yo luego me acercaré a ti en la fiesta
y te diré qué chico más guapo quieres bailar conmigo y
tú asentirás callado porque recordarás que no tienes que
decir nada recordarás que las palabras tienen que estar
llenas que las palabras tienen que pasar por el corazón
aprenderás que no eres tan inteligente aprenderás a callar
y así aprenderás a hablar así estás mucho más guapo

tenemos sexo 1

tenemos sexo
es un sexo normal
pero tenemos sexo con música

cuando acabamos de tener
un sexo normal pero con música
añado la última canción
que estaba sonando
a una playlist nueva

la llamo
canciones que me hacen estar feliz

tenemos sexo 2

tenemos sexo
es un sexo mediocre
pero estamos drogados
así que no parece un sexo mediocre

estamos teniendo
sexo mediocre
cuando me dices
que a veces
no quieres
tener sexo conmigo
que a veces
te sientes obligado
a tener sexo conmigo

yo dejo de tener sexo contigo
yo dejo de tener sexo conmigo
durante varias semanas
me horroriza mirarme
durante varias semanas
dejo de comer

empiezo a medir mi cuerpo
empiezo a medir mi felicidad
midiendo mi cuerpo
empiezo a querer sacar
cosas de mi cuerpo
empiezo a sacar
cosas de mi cuerpo

saco todo lo que he aprendido
por ejemplo
este pensamiento recurrente
«yo quiero ser feliz no ser coherente»
y empiezo a tener ideas mediocres
para poder volver a tener sexo mediocre

intenté hinchar las palabras
como globos como montañas
se hicieron tan tan grandes
que incluso daban miedo
a veces tan insoportables
a veces tan gigantes
que no nos caben en el pecho

HACEMOS TURISMO EN
LAS PLAYAS MÁS BONITAS
Y SUCIAS DEL ESTADO ESPAÑOL

amante, vamos a tomarnos un cóctel

vamos por los bordes vamos por los bordes verdes del acantilado juntos y es verano lo sé porque hace un calor literario y nos queman los recuerdos es verano porque se arrejuntan las mareas con las frases simples es verano y por eso vamos a los bordes verdes y canturreamos nuestras canciones favoritas cuando pensamos demasiado y canturreamos lo que querríamos ser y no podemos pero es verano y hay aires que son como cuerdas de tiovivos que caen del cielo podríamos subir podríamos ver las playas más bonitas de españa si quisiéramos pero amado vamos por los bordes amado nosotros siempre llegamos tarde porque nuestra playa está inundada de las cosas que salieron bien y de las cosas que salieron más o menos bien e incluso de las cosas que nos salieron fatal nuestra playa es una playa angosta y en agosto todo brilla y está calmado pero nosotros bordeamos siempre la calma nosotros no estamos quietos no podemos quedarnos quietos en los bordes de nuestra playa inundada de cosas que salieron bien y mal y más o menos bien y de más o menos 32 veces que intentamos recordar la sensación de aquel viaje aquel otro verano y nos salió mal las más o menos 32 veces que lo intentamos porque el recuerdo quema el recuerdo es traicionero y más si es verano y más si vas por ahí por los bordes canturreando tus canciones favoritas haciendo como si nada haciendo como si no te importara que tu playa la vaciasen de las cosas que salieron bien y mal y más o menos bien y pusiesen un chiringuito con la carta en inglés y música que está peligrosamente mal cuando nos damos cuenta y caemos del borde nos ponen unas tumbonas en lo que fue nuestra playa pedimos dos cócteles en inglés y nos achicharramos al sol ya no recordamos las cosas que salieron bien ni las cosas que salieron fatal ahora estamos más o menos bien y es verano qué más da

llega la ola que impresiona

vamos a la playa estamos yendo a la playa en un coche sonando alguna canción esa que dice tararán tararán que no recuerdo del todo las ventanillas arriba con el aire acondicionado encendido alguno de nuestros amigos pregunta sobre el futuro pregunta qué haremos el próximo curso lo de siempre volveremos fuera de nuestras casas a la ciudad a lo que serán poco a poco nuestras nuevas casas llegamos a la playa estamos en la playa hace un sol insoportable por fin el mar por fin un hueco entre la gente me queman los pies yo sigo explicando lo difícil que es conseguir ese contrato mientras se me mete arena en la boca y las gafas se me van resbalando por el sudor yo sigo creyendo que estorbo en medio de un terreno desértico lleno de gente yo sigo creyendo que estorbo en medio de la playa en medio de este mundo sigo creyendo que molesto mientras me quito la camiseta y de repente los cientos de personas que hay tomando el sol se giran para mirar cómo aquello que comí ayer se ha acomodado en un trozo sobresalido de mi barriga pero en el mar en el mar todo se esconde qué fresquito cuidado con las rocas o acabarás con una brecha como yo cuando era niño y salí sin darme cuenta con la rodilla chorreando agua roja mientras mi madre gritaba nene el niño nene el niño mira a ver lo que ha hecho que lleva la pierna que parece una carnicería pero ahora nos dan igual nuestras madres estamos aquí fresquitos entre algas que a veces rozan nuestros pies pero ahora nos dan igual también las algas y el sol ya no sudamos hablamos de lo que nos gusta aquella canción que sonaba en el coche tararán tararán no nos importa mucho lo que haremos el curso que viene será lo de siempre no nos damos cuenta de que cada vez estamos más lejos de esta casa que allá la ciudad se convierte poco a poco en nuestra nueva casa que lo de siempre acaba pero ahora nos da igual todo lo demás incluso nuestras pieles que mañana estarán rojas como mi rodilla de pequeño pero también mudarán como nosotros ahora mismo no nos importa nada más que nosotros y este mar que está bien fresquito ten cuidado que viene una ola glup

mareados

aquel día hacía un calor literario
lo recuerdo porque recuerdo mirarte
a la garganta poliédrica
y pisar piedrecitas y la ternura

vientearon las inseguridades
y mordimos castillos
y sus muros de instinto

me encerré en mi cabeza
de la puerta incondicional
tiré la llave

forcejeamos casi sin fuerza
y un día llegaron de nuevo devociones
y pensar que el pan de reír no se acabó

porque un día dices
todo está oscurísimo
y parece que no hay nada más

mas todo vuelve
el amor marea
y subimos por sus olas

un día dices

me acompañas a recoger
dos o tres estrellas
para merendar?

y colisionamos otra vez
y otra vez el calor literario
el verano ya casi ha acabado

te busqué pronto
ahí estabas
pequeñito como un planeta

Poema del fin del mundo

sin amor
tronaron tus cielos
tropezaron tropecientos corazones
contra trescientos mil cometas
subieron los titánicos termómetros
por los tristes tribúnicos tejados
y tambalearon nuestros teléfonos
por las tísicas ondas de los plásticos
tergiversaron nuestras temáticas
insistieron en los trágicos testículos
y la tierra quedó en lo teórico topográfico
títulos totémicos tiránicos
y el trabajo

oye

te pido

por favor

que luego no vayas

por ahí

contándole a las gentes

que yo he dicho

que no me quiero

la gente pensará

que estoy triste

pero no

no estoy triste

estoy decepcionado

así que

te pido

por favor

que no vayas

por ahí

pregonando

a los cuatro vientos

que no me quiero

y que no me fascinan

las cascadas de palabras

porque te mojan

los recuerdos

y que no me paraliza

la idea de que todo

lo que conozco

se va a morir

aunque ahora

que lo pienso

sí es verdad

es verdad

también estoy

un poco triste

NOVELA PRECARIA O POEMA INTIMISTA CON ESTRUCTURA NARRATIVA CLÁSICA

1. Introducción

para llegar a un portón
por el que no nos dejan pasar
y explotar el portón
o
para que haya un viaje del héroe
necesitamos:

1 héroe
1 princesa
1 castillo
1 malhechor o antihéroe
1 bruja
1 ayudante
2 broches dorados
1 portón
1 bolsita de polvos mágicos
1 corazón-dinamita
o
1 corazón que explota

pero como estoy en crisis
con mi imaginación
todas esas cosas
las tengo que hacer yo
así que creo un personaje
que llamaremos Yo

Yo soy entonces:
1 héroe
1 princesa

1 castillo
1 malhechor o antihéroe
1 bruja
1 ayudante
4 broches dorados
1 portón
1 bolsita de polvos mágicos
1 corazón-dinamita
o
1 corazón que explota
a la vez

y para llegar al final
tengo que atravesar este mundo real
tengo que atravesar el día a día
para llegar al mundo imaginario
que es como una burbuja
o como un pantanito
con hojas verdes sapos reyes
antimonárquicos y casas del árbol
tengo que pasar este mundo
y tengo que pasar por el portón final
pero para llegar al portón final
y llegar al mundo de los novios
necesito que el héroe la princesa
el malhechor y el ayudante entren
en conflicto pero yo hago de los cuatro
así que la única forma
de que entren en conflicto
es pensando
es volviéndome
sobre mí
aunque me da miedo
porque mirarse adentro
mirarse muy adentro
duele
duele mucho

2. nudo

Yo, que soy un malhechor
también tengo que ser
mi propio héroe
y tengo que ir al castillo
y tengo que salvar
a la princesa
que soy yo mismo

y para salvar a la princesa
que soy yo mismo
tengo que pensar
en tantas cosas
que prefiero
tirar la obra a la basura

yo no quiero cuatro papeles
yo no quiero tener que luchar
o salvarme a mí mismo
yo lo único que quiero
es ser mejor
o mejor
ser suficiente

3. Desenlace

Robé 2 broches de oro
porque eran muy brillantes
y porque quería guardarlos
para cuando me encuentre contigo
ponértelos en el pelo

Tengo toda una teoría
que he estudiado
para impresionarte:

sabes que
según el concepto del anima mundi
de los hombres del Renacimiento
estos broches de oro que yo he tocado
y que ahora tocan tu pelo
significan que nuestras almas
se están tocando?
que estamos haciendo el amor?

para ellos
no hay distancia ontológica
entre una albahaca
y la cabeza decapitada del amado
o las lágrimas de la amada
hay un cuento del Decamerón
que lo explica

entre tu pelo y mis manos
que quieren tocar tu pelo
no hay distancia ontológica
son lo mismo son
nuestras almas
nuestros pequeños corazones
y se están rozando

voy a tirar el portón

trajisteis espadas y escudos meteorológicos
y las luces oscuras
amasteis *por encima de*
quisisteis reivindicar el amor único
y el orden tan clásico
y llegasteis a adivinar
las faldas y las lenguas
y yo tengo un corazón que explota
os lo avisé

somos sagas interminables
estamos hechos de delitos
de hojalata y de chasquidos
de talones y de hechizos estamos
hechos de mapas de sillas y colegios
y de complejísimas canciones populares
y no las queréis entender
y no las quisisteis bailar

tú
niño que comiste directamente
de la olla del mundo adulto
que prometió aprenderse las flexiones
de la lengua y de la educación física
volviste al colegio
que aseguraste no olvidar
y no sentiste nada

vosotros
vosotros que
arrimáis los ojos
y la boca trillada
y se os cae el pelo y la baba

vosotros gritáis cosas míticas
aunque nosotros nunca quisimos
entrar al laberinto nosotros
lo bordeamos y encendemos
pirotécnicas fiestas al lado
que duran toda la vida

nosotras
nosotras os oímos
a lo lejos y no entendemos
qué hacéis con tantos chillidos
manchándolo todo

juráis tener el mapa la llave
creéis que hay un camino
fingís un hueco aquí en el pecho

prometisteis abrir las puertas
pero yo tengo un corazón que explota
os lo avisé

PARTE DOS

el mundo de los novios
o empezar a soñar en la
carretera o
cómo puede llenarse
un mundo entero
de burbujas
y no querer explotarlas

pequeña siesta en el coche

Estamos yendo a donde
Mueren los muchachos
Y la gente trabaja demasiado
Es decir estamos yendo
Al Mundo Real
Pero nos desviamos

Todavía no sabemos muy bien
Quién estará esperando
Aunque yo sí que sé
Que los estoy pensando a todos
Que todos los muchachos
Me caben en la Imaginación
Y en mi Imaginación
Los pierdo
Como si fuera
Una isla pirata

Y yo tengo un mapa
Que es mi deseo
Y yo tengo otro mapa
Que es lo que quieren
Que sea mi deseo

Y este segundo
Lo tiro y lo piso
Lo hundo en la arena

Y yo tengo 32 novios
Uno para cada día del mes
Y siempre me sobra uno
Incluso en los meses largos

Por eso son 32 cuentos
Porque tengo 32 novios
Acordaos de la cifra
Será importante
Para abrir el cofre del tesoro

Y yo tengo el mapa
Para ir hasta el cofre del tesoro
Que es el mapa de mi deseo
Así que cuando pienso
Que quiero ir a un sitio
Realmente quiero ir al otro sitio

Y a veces el mapa
se hace invisible
Y otras veces es rugoso
Y está manchado
Y tened cuidado
Porque a mi deseo
Le escandaliza la Belleza

Yo voy buscando
Pero no quiero llegar al cofre
Yo no quiero el tesoro
Yo quiero el camino
Y la dulzura

Y ya podéis olvidar
Que tengo 32 novios
Son realmente muchísimos más

Poder olvidarse de la cifra
Es el tesoro

creo que la parte
que viene ahora
es un poco difícil
y seguro que es
muy importante
así que pido atención
y silencio por favor

reglas del mundo de los novios

cuando digo Novio Real
es mi Novio pseudoautobiográfico
y cuando digo pseudoautobiográfico
digo que es verdadero
o casi verdadero
y entonces es muy muy verdadero

y cuando digo Novio Irreal
es el Novio que Nunca Quise Tener
pero Que Quizás Tuve
y No Debería Haber Tenido
y cuando digo Novio Inverosímil
es el Novio Que Siempre Quise Tener
y Que Tuve
aunque No Me Lo Podía Creer
y sobre todo
No Se Lo Podían Creer

Aunque es verdad que
no sé en qué plano lo tuve
si en el Plano Real
en el Plano Irreal
o en el Plano Ficticio
Y es que no sé
Si son lo mismo

Y quiero decir
que un Adjetivo
Puede acompañar
Pero también abandonar
Cambiar al personaje
O cambiar al recuerdo de color

Y quiero decir
que cuando digo Novio Imaginario
me refiero a todos
los chicos del mundo
que me parecen guapos
que son casi todos
muy a mi pesar
y muy a su pesar

Todos esos chicos
han pasado por mi imaginación
y han sido mis novios
y todos son un poco
Novio Imaginario
pero también Novio Irreal
y Novio Inverosímil
pero ojalá
no os voy a mentir
todos fuesen
mis Novios Reales
aunque eso
da un poco igual

ya avisé
de que era muy difícil
pero luego todo
es mucho más sencillo
porque para que alguien cuente
de verdad en mi vida
la realidad no es necesaria

SOUVENIRS DE MIS NOVIOS
o cómo los recuerdos cambian de color

Oh novio inverosímil en el portal de atrás hasta la cena
ÁLVARO POMBO

I'm sure we're taller in another dimension.
FRANK OCEAN

Cuento 1

una vez tuve un novio
tan alto tan alto
que nunca lo alcancé
se llamaba novio imaginario
y tenía la cara de un vientito de calor
y las manos como un mapa de los patios

Cuento 2

novio imaginario se colaba
por las canciones y sus camisetas
siempre bonitas
siempre le quedaban genial
yo las guardé
hice una trenza con ellas
y las hechicé
les dije lo que me dijo mi abuela
llegaréis muy lejos trencitas
y las tiré hacia novio imaginario
pero mi cabeza acabó hecha un lío
era todavía un niño
casi sin vocabulario

Cuento 3

novio de nariz estrellada
te acuerdas de aquella vez
que estuvimos en la playa
con nuestras inseguridades soleadas?

me miraste con tus gafas de sol
y yo solo pensaba en quitarte el bañador

Cuento 4

Novio Sabelotodo
No hay nada más patético
Que querer aparentar
Que las cosas importantes no nos importan

Novio Antepuesto
No hay momento más triste
Que cuando dejamos de querer
Aunque queramos

Novio Superficial
No hay nada más bonito
Que algo que es un poco feo

Novio Formalista
No hay nada más difícil y complicado
Que lo que es demasiado brillante
Demasiado claro

Novio Aburrido
No hay nada más trágico
Que no dejarse emocionar
Explotarse en colores
Dejar volar a los dragones
Regalarse estallar los corazones

cuento 5:
soneto invertido de la lucha de mis novios

si no existieran mis novios
todo mi mundo sería tan aleatorio!
no quiero por nada reemplazarlos!

se hacen notar quieren entrar en mi repertorio
luchan para que conmigo pueda llevarlos!
quieren de la batalla salir victoriosos!

uno se llama Eric el otro Kevin el otro Carlos
que me amen demasiado es obligatorio!
son de Santander de Buenos Aires y de Tokio
pero por favor mírenlos sin juzgarlos!

si no existieran mis novios
tendría que inventarlos!
son de mi vida el mejor y el peor episodio
son de mi humanidad el patrimonio!

Cuento 6

hablo con mi novio irreal
y llegamos a la conclusión desigual
de que la vida
es feliz y triste
y menos mal

Cuento 7

Mi novio apalabrado
Tiene nudos en las rimas
Tiene mundos en la risa
Mi novio ajetreado
Tienes siempre mucha prisa
Ya quieres que me quite la camisa

Cuento 8: Adolescencia

Cuando te miro a la cara
Novio desde las gradas
Me entra una emoción desbordada
En tus ojos hay miles de galaxias
Te pareces a los cuadros de Yoshitomo Nara

cuento 9

vamos a saltarnos los siglos de tradición amorosa?
vendrás conmigo por fuera de los poemas?
crees que podrías ponerte siempre delante?
escuchamos juntos los tintineos misteriosos?
crees que hay tantas cosas del amor poderosas?
cuando ignoramos las sendas hermosas
no hay nada más fascinante
te agarro del muslo eso es lo importante
no hay dos novios como nosotros en Alicante

Cuento 10

como en todas las historias bonitas es verano es verano y está sonando nuestra canción favorita y nos arrimamos y no existe nada más hasta que Novio Superguapo aparece por detrás y yo no lo veo porque no quiero girarme y que piense que estoy pendiente de él todo el rato aunque es verdad que me gustaría tener un ojo arriba en el cielo y seguirlo a todos lados es verdad pero no en un sentido oscuro sino como alguien que está encantado de ver la existencia de otra persona a mí me da igual que hable con otras personas que quiera a otras personas que quiera tener sexo con otras personas que tenga sexo con otras personas a mí me importa que quiera estar conmigo y que le guste estar conmigo así que cuando aparece por detrás yo sé perfectamente que es él porque conozco cómo se mueve el aire cuando se acerca y cómo se vuelve borroso lo demás y el conocimiento por eso cuando se acerca dejo de escuchar la música y solo oigo cómo respira detrás y cuando me coge de la cadera los huesos se me encajan al mundo y estiro el cuello y apoyo la cabeza cerquita de su respiración y nos entrelazamos como los dos animales que somos y yo me giro sin una pizca de sorpresa porque quiero hacerle ver que sé que es él que le intuyo en el espacio que sé cómo van a ocurrir las cosas y aunque ahora esté descontrolado quiero que sepa que puedo anticipar lo que sea que sé perfectamente que va a sonreír porque le gusta que lo conozca veis? ha sonreído y ahora vamos a bailar y a besarnos

no nos miréis

Cuento 11:
contando estrellas
con mi Novio de 1000 palabras

aunque pasen muchas noches desde que te vi
no tengo nada que hacer cuando me hablas
y me dan muchas ganas de escribir
todos los poemas como si fueran jarchas

Cuento 12

estuviste en granada
y te acordaste de mí
o eso decía tu camiseta

novio inverosímil
de brazos cruzados
estuviste en granada
ay qué bonitas esas fotos

novio inverosímil
me mandas algunas
estrellas recién cogidas
me mandas dos o tres
señales para malinterpretar?

novio imposible
estuviste en granada
pero te fuiste a sobreinterpretar
dos o tres años
algunos textos literarios

novio imposible
estuviste en este poema
y no te acordaste de mí a ninguna hora
qué pena
siento sentir mucho las cosas
siento que tengo un problema

Cuento 13

novio universitario ha vuelto
de estudiar los libros antiguos
me enseña un milagro
un conjuro me dice

en la escritura
se puede hacer todo

tú dices hay un lago
y yo oigo el agua

Cuento 14

ahora en serio
yo tuve un novio inverosímil
con su coche rojo y todo
con sus toques y sus antojos
me hablaba de caballos
y de rock y de mis fallos

ahora en serio
no te vas a ir nunca verdad?
será una tarde de mayo
como en aquella del baile
llegarás en forma de mensaje
o de recuerdo o de perfumes extraños
no me iré nunca verdad?

no me escuchas no te entiendo
no te preocupes yo me perdono

no no ahora en serio
siempre hubo señales en tus gestos
del daño que me iba a hacer esto

me desprendo de tus sonrisas
y exploto mis jardines como dinamita

pum!

Cuento 15: Posadolescencia

Novio de la Primera Adolescencia
Hay una grietita
Debajo del muro
Donde nos sentábamos
En las gradas
Yo me asomo
Donde estaba el futuro
Y ya no veo nada

Cuento 16

no sé si creo en Dios
pero me parece un milagro
que en este mundo tú y yo
podamos cogernos de la mano
un milagro que en este mundo tú y yo
tan accidentalmente nos queramos

Cuento 17

oh, Novio guapísimo
Tienes el corazón del tamaño de tus pestañas
Siempre a oscuras y a medias me hablas
Siempre dices mintiendo que me tienes ganas

Yo una vez me choqué contigo
Fue una mañana de domingo
Se me quedaron encajadas tus hazañas
Porque te quise besar el ombligo

Eres muy cool eres muy sexy
Yo tengo en el corazón un amor bien cursi
Tú tienes las manos llenas de magia
Me quedaría contigo hasta mañana

Cuento 18

Quería hacer cosas gays
hacer el amor gay
ver películas gays
comer comida gay
ir a sitios gays
con mi novio gay

Qué rabia
logramos lo que otros querían
conseguimos ser un poco normales
ser terroríficamente normales
puaj

Pero yo quiero creer en lo peligroso
Quiero hacer contigo
el amor misterioso

Cuento 19

novio de verano
me encantan tus manos
siento que podríamos casarnos

en otro mundo
estaríamos juntos
y yo te hubiera mentido
te habría dicho
que me gusta la playa
y que querría tener muchos hijos

pienso en serio
que en otra vida
podríamos ser
novios eternos
de verdad
encontrarnos en el aire
tú y yo

podría cogerte
tus manos bonitas
en otra vida
pero tendrías que
cambiarte de zapatos
que esos son muy feos

o yo te podría prestar unos
es verdad
o bueno no me importa
que vayas con esos feos
el amor es inmaterial
y esas cosas

en otra vida
cuando nos conozcamos
de nuevo
me darán igual tus zapatos

te diré
me encantan tus manos
novio de verano
creo que deberíamos casarnos!

Cuento 20

a mí me gustaría novio inhumano
que te casaras conmigo
que me llevaras a la iglesia de la mano
y cuando entrase llegando al altar
pondría un coro de niños a cantar

entonarían «Can't Help Falling In Love»
de Elvis Presley que no es que sea
mi canción favorita pero creo
que es apropiada y muy bonita

y cuando entrase por la puerta
todo vestido de blanco
más guapo que nadie en la sala
el niño que mejor canta hará un solo
cantará: *wise men say only fools rush in*
que significa que los sabios dicen
que solo los tontos se dan prisa
así que sin querer de los nervios
aceleraré un poquito

yo creo que es perfecta
para ir lento hacia el altar
donde me esperarás tú
novio animal

y también estará mi madre
que llorará más que nunca
más que en la boda de mi hermana
porque yo voy un poco más guapo
y porque que vaya hacia un altar
no nos mintamos
es también un poco
un milagro

Cuento 21

Novio que va cambiando de estación
te encontré asustado
pululando por mi imaginación
has dejado ya de gritar tanto?
qué haces aquí triste tiritando?

te miro y tengo miedo de entender
pero no aprender
que el dolor no es acumulativo
y los novios no son sustitutivos

tengo miedo de tener novios
a veces con uno es suficiente
a veces con uno mismo es suficiente
cuando no lo esperas viene el daño de repente

Cuento 22
Elegía al Novio de las Manos Hermosas

Voy por tantos sitios
Sintiendo tantas cosas
Recordando tantas cosas
Voy por tantos sitios
Perdiendo tantas cosas

Cuento 23

mi amiga me dice
que cuando pasamos por los túneles
de un mundo a otro
hay que cerrar bien fuerte los ojos
hay que tocar con las manos el techo
y pedir tres deseos

sé que debería pedir
la paz en el mundo o algo así
pero en realidad pido
que mis perritas
nunca se mueran
que el sabor de los chicles
sea infinito
y que mis novios
no puedan nunca quitarme de su cabeza

Cuento 24:
mi amiga se disfraza de uno de mis novios
para intentar sacarme de un estado depresivo

por ahí viene mi amiga
por ahí viene mi amiga y me dice
vamos a cazar los rincones oscuros del mundo

le digo no no ahora no
sabes que las ballenas pueden vivir
200 años? sabes que no como
lagartijas encendidas
desde anoche mismo?

por el mismo agujero por el que se va
yo me agacho y tiro del hilo
sabes que si posas tu mano en mi oído
se escucha lo negro del mar? le grito

por ahí vuelve mi amiga
por ahí vuelve mi amiga
y ha recogido años de ballena
me los trae en un ramillete
enciende los candelabros rectos
me dice sabes que cuando las lagartijas
se istman apagan el mundo

conjuntaremos los dos? le pregunto
se truena se truena en la orilla
los dos nos mojamos de risa

...

ella entiende que yo
no llego a los sitios
cuando quiero
llego cuando puedo
y que coger atajos
coger atajos tristes
es también una forma
de no llegar a tiempo

...

cuando por fin nos ausentamos
cuando por fin tocamos con las palmas
las lagartijas de recuerdos azules y
las colas centenarias de ballena
no cabemos

échate para allá le digo
y así nos hacemos felices
por fin un hueco en el mundo oscuro

Cuento 25

tararán tararán
otra vez estoy perdido
tararán tararán
sacaré a mis novios prometidos a bailar
voy a romper las líneas del destino
voy a saltar las leyes de los mundos

tararán tararán
está vez he vencido
tararán tararán
quito la épica el relato pongo la rima
yo no quiero dejar a nadie atrás
yo quito a Dios y os pongo a vosotros por encima

Cuento 26

fabriqué una escalera
para subir a tu cabeza
novio de madera
fui a por todas las estrellas
para ponerlas de tu coche en la guantera
crees que podríamos dejar
de sufrir de alguna manera?

bueno... llegué por fin a tu cabeza...
y hay miles de caballos galopando
son parecidos a los que encontramos
por los lados de la carretera
y aunque viven atados con cuerdas
están repletos de belleza

yo los miro y les silbo
un beso les libera
y vienen todos hacia mí
trotando trepidantes
vamos felices a encontrarnos
haciendo una carrera
acelerando tan rápido
que del pecho parece
que nuestro corazón se saliera

Cuento 27

queremos ir con nuestros caballos
imaginarios al fin del mundo
queremos saber si hay una línea que diga
acá se acaba lo que conoces
a partir de allá será otra historia

queremos saber la otra historia
vamos a la fiesta del fin del mundo
porque queremos el baile y el llanto
queremos saber qué habrá del otro lado

corre caballito
que quiero ver cómo se nos va cayendo el cielo
intentamos ir a la infancia pero se fragmenta
nos cogemos de las manos soltamos las riendas

corre corre caballito
que vamos al fin del mundo
con nuestro pelo a cámara lenta
pero por la vida a 180

corre caballito
vienen todos los animales como en el mito
no quieren quemarse vienen de todos los sitios
se unen a nosotros tan milagrosos tan lindos

corre corre caballito
que me voy al fin del mundo contigo
tus ojos aun llenos de miedo son tan bonitos!

Cuento 28

Novio Ilusionado:

En este mundo me esperan los gestos antiguos
me espera la lengua del tiempo
lamiéndome la espalda
me esperan mis hijos imaginarios
me esperan 32 inexistencias
y recoger ramilletes de inseguridades
y vomitar mis huesos hechizados
y cantarte clásicos contemporáneos
y que oigamos el agua de los lagos literarios
y escribirte un libro de estornudos
y besar en la boca a los caballos

     Novio Extasiado
     la vida es extrañísima:
     hay gafas
     bigotes en las uñas
     y recuerdos.

     Cuidado con tu coche,

Cuento 29: No sé si mi novio es una linterna

tú todo lo arramblas
tú todo lo favoriteas
tú todo lo alumbras
tú te has caído del cielo?
te pregunto
no serás una de aquellas estrellas?
un pequeño espasmo dulce?
duraderas infancias?
besos transparentes?
veranos adolescentes?
no serás tú un fantasma reluciente?
no serás tú una memoria esparcida?

si imaginamos
muy fuertemente
podemos entrar
muy adentro
a lo oscuro
que es brillante
me dices
y haces de luz

Cuento 30

en el mundo de los novios tu cara brilla más que ninguna es quizás un filtro extraño que le he puesto al recuerdo es quizás el cariño casi monumental que te tengo es quizás mi incapacidad de desprenderme de las jerarquías es quizás que miras tan por delante que me cuesta tiempo entender hacia dónde iban tus ojos es quizás el calor abrasador del verano en el que tuve la certeza de que en algún momento te iba a besar es quizás porque ese helado que te pediste en aquel viaje a Roma lo comiste rapídisimo para no manchar el mundo es quizás el rastro del tiempo pasándonos de frente son quizás mis sueños estructurados chocando con tus sueños dislocados son quizás estas ciudades tan extrañas tan separadas es quizás que me siento tan pequeño en este mundo tan grande y tengo tan poca vida para saberlo todo es quizás que los futuros son inexplicables o quizás que el relato es insuficiente o quizás que tengo poca tolerancia a la incertidumbre o es quizás que me he dejado bañar demasiado por la filosofía me he dejado dañar demasiado por la psicología o es que quizás tengo miedo a cambiar y que ya no te guste o es que quizás tan solo tengo miedo a que no haya nada más

no no no en este mundo tu cara brilla más que ninguna este es un mundo optimista este es un mundo nada cruel y a veces pegajoso como mi corazón y en mi imaginación tu cara es una luz casi cegadora y yo voy a ella porque quizás te encuentro allá al final y yo que dejé de ser un niño hace tan solo unos minutos y que no sé todavía casi hablar arrejunto las palabras para balbucearte en tu cara iluminada cualquier cosa muerdo las luces en este mundo en este mundo no está dios no hay dios y no es que sea religioso ni nada de eso pero tu cara se ilumina en

este mundo en el que caigo de bruces y yo ahora ya estoy
un poco más tranquilo porque te veo te miro y estás ahí

cuento 31

he visto a dios y odia este mundo he visto a dios y tiene miedo he visto a dios y tengo miedo de que se acabe este mundo o de que cambien las leyes imaginarias en este mundo tú flotas porque quieres en este mundo tú bailas cuando quieres en este mundo y sudar y esforzarse es siempre sinónimo de pasarlo bien y trabajar no tiene valor tiene frutos que son caramelos raros con sabor rayito de sol y has visto a dios y te has tapado y dios te ha visto y ha girado la cara en este mundo no sabemos contar pero no sabemos contar porque no queremos contar ni las horas ni las monedas ni las personas hemos visto a dios y nos hemos separado y los pájaros se han convertido en mosquitos hemos visto a dios y las perritas han empezado aullar y los caballos relinchan y las nubes se hinchan y parece que va a llover ha llegado dios y hay tormentas pero no necesitamos la lluvia los ríos en cuyas orillas nos reíamos ya rebosan

quién lo habrá conjurado qué habrá traído hasta aquí a este dios que no es religioso sino literario y crea relatos y crea mitologías que justifican contar las horas las monedas las personas? es un dios literario y nos está mirando de cerca y nos da miedo y nos soltamos de la mano lo sabemos sabemos que ha venido a romper el mundo ha venido a acabar con la verosimilitud con nuestro juicio si la credibilidad estaba suspendida él le ha atado una cuerda al cuello y la ha bajado se acabó la credibilidad esto es solo una simulación esto es solo una capa de ficción esto es una idiotez una ensoñación cómo vas a tener 32 novios? cómo vas a flotar por el mundo? cómo vas a rimar corazón con dragón? cómo vas a arrimar tu corazón al dragón? cómo no vas a contar las horas las monedas las personas?

el dios literario quiere una estructura clásica una introducción un nudo y un desenlace no quiere que estemos todos aquí ya desenlazados y quiere que usemos los relatos literarios para contar nuestra vida y quiere que usemos la narración lineal para entender nuestro dolor introducción nudo y desenlace enhorabuena ya te curaste pero no en este mundo no somos lineales somos bolas de espejos que flotan y rebotan los rayitos de sol y de hecho nuestros alientos huelen parecido al sonido del lago y de hecho querríamos poder decir que las líneas rectas son solo circunferencias infinitas cuya curva no podemos ver con nuestros ojos porque de hecho nuestros ojos no nos alcanzan y dios sabe que tenemos razón y aun así se enfada con nosotros y trae los truenos y la tormenta y dice id recogiendo se acabó la fiesta

y aun así mientras dios está gritando yo me tiendo hacia mi novio imaginario le entrego mis caramelos le doy lo que me queda de infancia le doy mis besos transparentes le doy mis espasmos dulces mi cajita dorada de recuerdos que imita la Edad Media le doy las tres estrellas y las gracias y le digo que memorice la canción mágica tararán tararán y le pido que coja a las perritas y que se monte a los caballos imaginarios y que corra por las orillas del río hasta el final y que cuando se pierda cante la canción tararán tararán

y así veo escapar a mi novio imaginario por los senderos claros de mi imaginación y va corriendo y cuando todo se está cayendo cuando todo parece terminar le escucho susurrar a lo lejos tararán tararán espero que sepa que nunca lo voy a olvidar

Cuento 32: cuento final

volverán volverán todos mis novios?
volverán volverán y me dirán
que guapo estás?
volverán y me amarán
todos a la vez?
se me amarrarán todos mis novios
al pelo mojado y a la camiseta
me besarán me desbordarán
todos los vasos y los chicos de la fiesta
volveremos volveremos
tú y yo a caer en el mundo real
novio de verdad
en el coche todos somos iguales
siempre queriendo buscar otros lugares
subiré entonces el volumen de la música
no quiero escuchar más mis tonterías

¡ENHO-
RABUENA!
LLEGASTE AL FI-
NAL CON LOS 32 NO-
VIOS LLEGASTE AL
FINAL DE LOS
32 CUEN-
TOS AHO-
RA PUEDES
ABRIR EL CO-
FRE DEL TESO-
RO QUE ES PODER
OLVIDARSE DE LA
CIFRA PODER OLVI-
DARSE DE TODO

PARTE TRES

✷✷✷

*estamos llegando
al mundo normal
y el viaje se acaba*

¿Hay algo más mágico que
el espacio y el tiempo / de
las calles y las autopistas?
FERNANDA LAGUNA

So I fall
into continents and cars
LORDE

ok, ok, vamos allá

vas por la vida tan automático
aunque tan divertidas las promesas
que llevas debajo del brazo
vas en tu coche monocromático
y estás tan asustado
porque la vida tan solo acelera
vas recogiendo del camino las estrellas
tan doradas tan apagadas
vas pasando por las luces
tan infinitas tan secundarias
vas repasando las cosas
buenas y las cosas malas
y las cosas ordinarias
y estás tan triste
piensas que has gastado
la vida tan reluciente
tu cuerpo tan radiante
tan pocas veces
estás tan triste
porque crees
que debe haber algo más
tiene que haber algo más
no puede ser que la vida
no puede ser que las cosas
tengan un principio y un final
y ya está

por eso estás tan triste
mirando por la ventanilla
los paisajes tan cambiantes
tan imaginariamente reales
y estás tan triste
por los cambios tan imprevisibles
tan inalterables y porque
nunca volviste
a llamar a tu amiga
tan importante tan estúpida
por su nombre
y estás triste
porque has crecido
y porque han crecido
y porque eres tantas cosas
que hay partes de ti
que se escapan para siempre
y porque has crecido
y algunas ya se han ido
y porque tus amigas
también han crecido
y tan únicas tan precisas
se van a morir
algún día lejano
y tú te vas a morir
estás tan triste
porque la vida
es irse muriendo
y porque tus padres envejecen
tan injustamente tan infantiles
y se intercambian los papeles
y porque tu perrita murió
y ya no aparece tan alegre
en la puerta tan inolvidable
y porque tu novio
tan guapo tan experto
en tus misterios

a veces no sabe si te quiere
y porque tú a veces
no sabes si lo quieres
y porque el futuro
tan reluciente es tan incierto
pensar que existen otras vidas
otros lugares posibles
te da miedo
y porque la vida da miedo
la muerte da miedo
dios da miedo
mirar el corazón
y pensar en lo que quieres a veces
es tan impulsivamente falso
que da miedo
tienes miedo
de acercarte demasiado
por si se rompe
tienes miedo
de intentarlo demasiado
por si se enteran
y te da miedo que tu corazón
sea un lugar común
y que aunque ahora
están todos aquí
tan educadamente sentados
digas una cosa tan
insignificantemente imprecisa
que se levanten
quieres explotar las puertas
tan entornadas tan monolíticas
tan subjetivamente miras las cosas
y abres la ventanilla
para que entre la claridad y la brisa
y paras bruscamente
tan inesperadamente
ahí están

mira mira
hay caballos
tan literariamente reales tan libres
tan poéticos sus retoces
en tu imaginación
hay caballos
y te los escondes debajo
de la manga de la memoria
tan esperanzado
tan rítmicamente entiendes
que no quieres entender
quieres tan solo tan enredada
y tan fácilmente sentir
porque la emoción es tu movimiento
y acuérdate que no tienes que andar
siempre por ahí diciendo lo siento
porque hay caballos
en tus recuerdos tan dorados
tan fantásticos los conoces
por eso te estás riendo
y sigues dudando
pero tienes que hacerlo
no tengas miedo
entra al túnel
tan oscuramente iluminado
tan ferozmente lo ves
el futuro tan indeterminado
pero lo ves
hay cosas que tienen que suceder
así es la vida
y a veces todo pasa al revés
y las cosas se olvidan y ya está
hay caballos
tan salvajemente
ahí están
los caballos y las cosas
y las cosas que pasarán

y algunas otras cosas
que nunca pasarán
y algún día irás
por la ciudad tan alegremente
y la oirás
la risa de tu amiga
tan remota tan primitiva
y dirás su nombre tan antiguo
y te pondrá tan triste
pero ya será tan pequeño
tan ridículo
y tus amigas
en algún momento
tan irrepetibles
no existirán
porque así tiene que ser
y tus padres enfermarán
y tan descuidadamente
quizás te olvidarán
y te acompañarán
todas tus perritas
tan alegres tan incomparables
por los recuerdos
y tus tantos novios
te habrán querido todos
tan bellos tan insustituibles
ve por el túnel
no seas tonto
da rabia
que tengan razón
da rabia comprobar
que ese paseo
tan ingenuo
te pondrá tan contento
y que el tiempo
tan incansable
va a hacerte olvidar

lo que pensabas
que nunca pasaría
ve por el túnel
no seas tonto
cierra los ojos
y toca el techo
recuerda el color
del corazón
de los caballos imaginarios
recuerda los milagros
coge tu caja de recuerdos
medievales coge
las colas de ballena
las lagartijas azules
coge el bosque entero
recoge las estrellas
los besos transparentes
no aceleres
no seas tan tonto
todo irá bien
las cosas pasarán
y tú te olvidarás
de las cosas tan insignificantes
y de las cosas tan importantes
y porque las cosas vienen y van
recuerda la canción
canta la canción
tararán
tararán
ya estás
tan pequeño tan aniñado
llorando de nuevo
deja que te atraviese
el chisporroteo
tan poco trágico
tan anaranjado y mágico
canta la canción

no seas tonto
siéntelo
no tengas miedo
no luches contra ello
deja que te golpee
deja que te destroce
tan disparatadamente
tan brillante
tirándote por las cascadas
de palabras tan inigualables
tan enamoradizo
buscando por todos lados
los hechizos
y al final
nos encontraremos
tú y yo
tan espléndidamente arrugadas
con tanta suerte a veces tan felices
y las fotos y las voces
solo serán recuerdos
tan borrosos tan luminosos
y en el final
iremos por el mundo
con la boca abierta
tan apajaradas tan embrujadas
y al final al final
no habrá mucho más
hablaremos hasta las tantas
tan incoherentes tan conectadas
y habremos pasado por la vida
y por las cosas del mundo
tan intensamente
tan suavemente
y habremos hecho tantos esfuerzos
para no volvernos locas tan ineficaces
tan rápidas tan distintas
y seguiremos teniendo hambre

de estrellas y de meteoritos
y te dará tanta pena
qué cruel has sido
siempre contigo
y cuando cruces
al final
ten cuidado
canta la canción
ten cuidado
porque hay cosas
que se olvidan
para siempre
y al final al final
cómo no vamos a seguir
creyendo en los brillos
inútiles y fugaces
de las cosas buenas
de este mundo
tan tiernas tan infinitas

tararán
tararán

＊

no quiero perderme

tararán
tararán

＊
＊

no quiero olvidarme

tararán
tararán

＊
＊
＊

no pasa nada
de verdad
no pasa nada

NOTAS Y AGRADECIMIENTOS

Este libro está pensado como un viaje en el coche, por eso los poemas a veces tienen forma de carreteras y otras de luces, por eso tienen forma de recuerdos y de canciones y por eso a veces son paradas bruscas y otras retrocesos. Durante su escritura, que abarca un período de aproximadamente tres años, he estado sumido en la investigación de poesía contemporánea, más concretamente en la de la poesía argentina y española y más concretamente en la de la poesía de Fernanda Laguna, Berta García Faet y Mariano Blatt. De sus obras está colmada mi cabeza y mi escritura y desde aquí agradezco existir en un mundo donde puedo leer sus poemas; y a Berta concretamente le agradezco también la amistad y la generosidad y que me abriera, hace ya cinco años, todo un mundo cuando me recomendó *Mi juventud unida* de Blatt. Este libro y, concretamente mi escritura y pensamiento dieron un vuelco cuando empecé a adentrarme en la poesía argentina de los noventa hasta ahora y, de hecho, este libro lo he terminado de escribir en Buenos Aires, en una estancia doctoral para estudiar estas autoras. De alguna manera, este libro no puede escapar de tener un aire *argentinano*, pero también tiene espíritu de comedia romántica porque intenta jugar y ser gracioso y quiere enamorar y enamorarse, por eso los clichés y los personajes. Pero también y sobre todo es un viaje en coche en el que suenan muchas canciones de fondo, por eso los estribillos, por eso las rimas, por eso lo pop, por eso el imaginario aparentemente superficial y por eso también su alma, en la parte central, de jarcha.

Como está pensado como un viaje en coche y porque es un libro, creo que tiene que ser leído de manera lineal y que los poemas tienen mucha más fuerza cuando están conjuntamente y dejan de tener tanto sentido si se descontextualizan, un poco como todo en esta vida.

No quiero dejar de citar, aparte de la centralidad de la poesía de Laguna, García Faet y Blatt, algunas obras o artistas que han hecho posible imaginar, sentir y escribir este libro:

La estructura y el pensamiento del libro no sería posible sin haber pensado y estudiado la teoría de la ficción de Paul Ricoeur y tampoco sería posible —y esto suena paradójicamente tanto pedante como insufriblemente básico— sin haber leído y profundizado en la obra de Dante, gracias a cursar la asignatura de Literatura Renacentista Italiana en la universidad. Por otro lado, tanto el primer poema como el último reescriben abiertamente «¿Por qué seremos tan hermosas?» de Néstor Perlongher, pero no podrían concebirse sin las ideas de Quique Arce, uno de los novios que aparece en el libro y que aparece afortunada y realmente también en mi vida. El poema «La canción mágica» roba su comienzo de un dibujo y una anotación de Yoshitomo Nara y de ahí, de ese día en el que salí llorando del museo, sale la idea de la canción mágica que recorre todo el libro. El poema «cuento infantil» es una modificación de un artículo que escribí para Zenda como una especie de crítica literaria a la obra de Blatt. «mentirijillas de supervivencia» es una reescritura directa de la «Primera variación» de Álvaro Pombo. «voy a tirar el portón» es una reescritura directa del poema «Vendrá sin las estrellas lácteas» de Blanca Andreu, cuyo surrealismo del libro *De una niña de provincias...* ha bañado todo el libro. Los versos «si no existieran mis novios /

tendría que inventarlos» es un robo directo a Christopher Isherwood que descubrí gracias a Ismael Ramos, que lo reivindicó en el podcast *Maricapáginas* de Enrique Aparicio.

Toda la segunda parte, como ya digo, tiene un espíritu a veces de jarcha y otras de río desbordado. Hay muchas canciones ahí dentro escondidas y hay una referencia clara y obvia y estúpida a Vicent Andrés Estellés. Aparte de las obras de Laguna, García Faet y Blatt siento que para la construcción de este mundo fue fundamental leer la poesía de Álvaro Pombo, especialmente sus *Variaciones* y especialmente su «Variación Trigésimocuarta» que ya cito en el texto, pero cuyo uso del sintagma nominal «novio inverosímil» desató toda la parafernalia de adjetivar a los novios y desató realmente toda la idea loca del libro. Perdón por el robo. Ojalá que aquí haya tan solo un poco de la magia de los poemas de Pombo. Y gracias a Unai Velasco por subir una foto de ese poema a Instagram, porque conforme lo leí fui corriendo a comprar el libro. En estos cuentos hay otras reescrituras y oleadas y referencias, como las canciones de Lana Del Rey, de Amaia y Marisol, de Beach House, de Charli xcx, la escena de la discoteca de *3 metros sobre el cielo*, *Aquí no hay quien viva* y mil cosas más que han configurado mi sentimentalidad y los mundos que llevo conmigo. Encontrarlas todas es un misterio.

Gracias a Tatiana Romero, porque en una lectura prematura de algunos poemas de este libro en el Museo Reina Sofía durante *E.L. Queer* me regaló la idea genial de que debía haber un cuento o un poema por cada novio. En ese momento leí que tenía 366 novios, pero luego reduje el ritmo de mi deseo y acabaron siendo 32 por cuestiones de espacio tanto en el libro como en mi corazón.

Siento también en mi corazón que a este mundo le pude poner un lazo rosa para cerrarlo cuando fui a ver *One night at the Golden Bar*, de Alberto Cortés, que un año después me sigue abrumando al pensarla. También está siempre en mi cabeza y en mi corazón la poesía de Andrea Abello y su entusiasmo compartido. También la poesía y las conversaciones con Paula Melchor y nuestros convencimientos mutuos por persistir obcecadas en nuestros proyectos. A todas ellas, gracias.

Mientras escribía este libro no paraba de sonar «Supercut» de Lorde, y especialmente esta parte «In my head, / I play a supercut of us / All the magic we gave off / All the love we had and lost». Y mientras lo escribía no paraban de venírseme a la cabeza estos versos de Daniel Durand: «y a la rima no la pulo / no me importa metétela por el culo».

Y mientras pensaba este libro, pero sobre todo durante los últimos diez años, me ha marcado especialmente la música de SOPHIE y, en su momento, la música de PC Music; y especialmente cuando escribo tengo siempre en la cabeza estas ideas de SOPHIE que definen su hacer poético (y ojalá un poco también el mío): «Intento imaginar un mundo hiperreal de sonidos a los que estamos acostumbrados de las películas de gran presupuesto, sonidos que caricaturizan y exageran aquellas cosas que suceden natural y orgánicamente. Un ejemplo sería un piano que fuese del tamaño de una montaña e imaginar cómo sonaría ese piano si tuviera las cuerdas así de grandes». Con este libro (y con mi escritura en general) he querido intentar hacer grandes las palabras y los mundos, palabras que suenan continuamente, mundos que habitamos cotidianamente; e intentar hacerlos que suenen y se vean diferentes, tan grandes que a veces sean insoportables, tan grandes que a veces no te quepan en el pecho.

A veces escribo sobre mi vida, otras veces no escribo sobre mi vida. Pero de todas las maneras, mi vida siempre está en mi escritura, porque aquí está mi tiempo, mis obsesiones y mis preocupaciones. Y aquí están mis amigas, mi familia, los animales y las cosas que quiero y me acompañan, que hacen de mi vida no solo una posibilidad sino una temporalidad disfrutable y a veces tan alegre. Gracias por la vida y por los mundos y los sueños. Gracias por todas las tonterías.

Índice

Tonterías se terminó de imprimir el 6 de octubre de 2024, por encargo de Letraversal ediciones. Ese mismo día de 2021 se publicaba la primera edición de *Existir innumerable* de Álvaro Pombo, pre-gay como decía de sí mismo, dejó la ternura por escrito: *Hay una tradición de que venías/ y parecía que no llegabas nunca/ Hay toda una hermenéutica de labios/ y tu pelo castaño/ que no podía acariciarlo nadie/ Una letrilla popular existe/ que dice que tú eras inasible.* Lo que celebramos de la poesía es cómo se alinean las ternuras entre distintas generaciones.